DES DÉFINITIONS ET DE LA NATURE

DU NUMÉRAIRE ET DU CRÉDIT

A L'OCCASION

DE DEUX OUVRAGES DE M. H.-D. MACLEOD

Éléments d'Économie politique (1) et Dictionnaire d'Économie politique (2)

(*Extrait du* JOURNAL DES ÉCONOMISTES, n° du 15 août 1862)

Le premier en date des deux ouvrages de M. Macleod, à l'occasion desquels je voudrais soumettre quelques observations aux lecteurs du *Journal des Économistes*, ne doit pas être jugé par le titre qu'il porte. Ce titre, en effet, pourrait faire croire que c'est une œuvre élémentaire, destinée à donner une idée sommaire de l'économie politique aux amateurs qui n'ont pas beaucoup de temps à y consacrer. L'objet de M. Macleod a été, au contraire, d'établir solidement les fondements de la science, en faisant passer par le creuset d'une critique sévère les opinions admises jusqu'à lui par les maîtres, et les définitions qu'ils avaient posées. C'est un grand service à rendre à une

---

(1) 1 fort volume in-8°. Londres.
(2) Publication par livraisons. Londres.

science que d'en bien arrêter le dictionnaire et d'en définir exactement et clairement les idées fondamentales. Telle est la tâche à laquelle M. Macleod applique une patience à toute épreuve et une érudition de bénédictin. Pour justifier son entreprise, qui vraiment n'avait pas besoin qu'on cherchât à la motiver, il cite des paroles d'Aristote et de Cicéron, par lesquelles ces deux grands esprits ont exprimé l'importance qu'ils attachaient à des définitions justes. Dans le souci extrême qu'il témoigne pour de bonnes définitions, on pourra trouver quelquefois qu'il s'est laissé aller à des subtilités ; mais, aussi bien, c'est un reproche qu'il n'aura pas de regret d'avoir encouru, car c'est la conséquence même de son entreprise et jusqu'à un certain point la condition de son succès.

M. Macleod commence nécessairement, en fait de définitions, par celle de l'économie politique elle-même. A cette occasion, il prend la science économique à son origine et la suit depuis son berceau jusqu'à nos jours. Le lecteur français trouvera dans son volume une satisfaction patriotique, car nulle part le rôle de notre patrie, dans cet enfantement d'une science, n'a été signalé avec plus d'éloges. Un homme bienveillant et singulier, qui, médecin de Louis XV, restait, dans l'atmosphère égoïste de cette cour, l'ennemi des abus et le partisan des réformes, le docteur Quesnay, est signalé, par M. Macleod, comme le fondateur de la science économique. Quesnay, on le sait, est l'auteur de divers ouvrages parmi lesquels on doit citer le *Droit naturel* et le *Tableau économique* (1758), qui comprend les *Maximes générales d'un gouvernement économique d'un royaume agricole*. Dans ce dernier travail, il s'était proposé de formuler les règles générales de l'économie de la société. Il les avait rédigées sous la forme de maximes, au nombre de trente, parmi lesquelles on en rencontre qui durent alors être jugées bien téméraires, et qui aujourd'hui sont considérées comme des axiomes. La vingt-troisième dit que le commerce étranger n'est point pour une nation une cause de perte. La vingt-quatrième signale la fausseté de la doctrine de la balance du commerce. La vingt-cinquième est un appel à la liberté comme à la meilleure base que puisse avoir le régime économique d'un État. Elle est conçue en ces termes : « Qu'on maintienne l'entière liberté du commerce, car la police du commerce intérieur et extérieur la plus sûre, la plus exacte, la plus profitable à la nation et à l'État consiste dans la pleine liberté de la concurrence. »

Le grand ouvrage d'Adam Smith, la *Richesse des nations* ne parut que douze ans après la principale publication de Quesnay, le *Tableau économique*. Dans l'intervalle, Adam Smith était venu à Paris et avait été en relation avec Quesnay et son école; il n'en faut pas davantage pour justifier la paternité que M. Macleod attribue à Quesnay. Il est presque superflu de faire remarquer que la vingt-cinquième maxime de Quesnay contient le principe le plus fécond et le plus vital de l'économie politique, la liberté des professions et des transactions. Il était réservé à la révolution française d'abord, et à notre époque ensuite, d'en voir la mise en pratique. La révolution française a été, pour l'Europe continentale, le point de départ de la liberté des professions, du libre commerce dans l'intérieur des États. La liberté des relations commerciales entre les nations devait rester fort gênée pendant quelque temps encore; on citait deux ou trois petits États qui s'étaient fait un honneur de l'admettre; c'est un mérite qui distinguait particulièrement la Toscane; mais chez les nations plus puissantes elle était repoussée comme un dangereux paradoxe. C'est en février 1846 qu'elle a été proclamée pour la première fois comme le fondement de la doctrine d'un grand gouvernement, et le gouvernement qui en a pris ainsi l'initiative est celui de l'Angleterre. En France, un mouvement décidé dans le même sens s'est accompli quatorze ans plus tard par le moyen d'un traité de commerce qui date du 23 janvier 1860 : mais ce traité ne fut pas accompagné de la proclamation du principe même, quoiqu'il la fît pressentir. C'est seulement il y a quelques mois, le 16 avril 1862, dans une fête agricole, au concours de Poissy, que la liberté du commerce a été officiellement déclarée la doctrine de l'État. Cette déclaration est l'objet principal d'un mémorable discours du ministre du commerce, M. Rouher, à qui revenait, par cent raisons, l'honneur d'être l'organe du Gouvernement dans cette démarche solennelle. C'est ainsi qu'après un siècle d'intervalle la doctrine de Quesnay, reprise avec une grande vigueur par Adam Smith, se trouve adoptée dans sa plénitude par les deux grandes nations de l'Europe occidentale, commencement et présage assuré de son adoption prochaine par tous les peuples civilisés. Admirable victoire que l'économie politique peut revendiquer comme le résultat de ses efforts patients, et qui la console bien largement des sarcasmes dont on l'a poursuivie et des tentatives qu'on renouvelait, il y a quelques mois, pour lui contester le titre de science (1).

---

(1) Discours de M. le procureur général Dupin au Sénat, dans la séance du 29 mars 1862. La seule chose qu'ait prouvée l'illustre orateur, c'est qu'il ignorait complétement cette science.

Mais revenons aux définitions et aux tentatives de Macleod pour en déterminer qui soient bien exactes. Comment définir l'économie politique elle-même. C'était la première définition a bien établir?

Comment l'ont définie les personnes qui l'ont traitée *ex cathedra?* M. Macleod passe en revue les définitions adoptées explicitement et implicitement par Adam Smith, par J.-B. Say, par MM. J. St. Mill et Senior. Il les trouve insuffisantes et incomplètes. La définition la plus usitée, celle d'après laquelle l'économie politique serait la science qui traite de la production, de la distribution et de la consommation de la richesse, lui semble défectueuse, et il en donne une raison qui frappera les bons esprits. L'objet auquel l'économie politique s'attache, la substance sur laquelle sans cesse elle raisonne est la valeur des choses. La notion de la valeur est absolument inséparable de celle de l'échange, car la valeur d'un objet ne se manifeste qu'autant qu'un échange se prépare ou s'accomplit. Cette valeur c'est la puissance même d'échange. L'économie politique n'a plus de domaine là où il n'y a pas d'échange. Or cependant, l'esprit conçoit des situations dans lesquelles il y aurait production, distribution et consommation de la richesse, sans qu'il y eût échange. Ainsi chez chacun des patriarches de l'Arabie qui vivaient entourés de leur famille et de leurs serviteurs, sans avoir, si ce n'est accidentellement, aucune relation avec le reste du genre humain, on produisait, on distribuait, on consommait sans qu'il y eût, dans l'intérieur de la tribu, aucune opération d'achat ou de vente, sans qu'il fût fait mention d'échange ou de valeur De même, dans les clans de l'Écosse; c'étaient des réunions de familles où l'on produisait tout ce que l'on consommait, où l'on emplissait, du travail commun, les greniers et les magasins, dans lesquels on puisait ensuite tout le nécessaire, vêtement, nourriture, armes.

La définition ci-dessus rapportée de l'économie politique, qui était celle qu'Adam Smith en particulier avait dans l'esprit, présentait alors une grande lacune. Adam Smith ne considérait comme répondant à l'idée de richesses que les objets matériels, ce qui se pèse dans la balance ou se mesure au mètre. Erreur manifeste, dit avec raison M. Macleod; beaucoup de choses sont des richesses, des richesse échangeables, ayant une valeur positive et précise, qui ne sont pas incorporées sous une forme tangible et pondérable. Les exclure du catalogue de la richesse, rayer de la liste des producteurs et classer à part comme des personnes improductives ceux qui rendent à la société ces genres de services, c'est au point de vue moral une injustice, et au point de vue scientifique une erreur. J.-B.

Say l'avait senti; aussi il avait désigné ces services sous le nom de *produits immatériels*, et à ce titre il les avait rangés, dans la richesse de la société, sur le même pied que les objets les plus matériels. De nos jours, M. Dunoyer et feu Bastiat ont marché dans cette voie avec beaucoup de fermeté. Ils ont à cet égard enrichi la science de notions utiles. Je dois dire cependant que M. Macleod n'irait pas, sous ce rapport, aussi loin que M. Dunoyer.

Quelle sera donc, au gré de M. Macleod, la définition de l'économie politique? Sur ce point, il s'est abstenu de présenter une formule parfaitement précise. Mais ce qu'il dit très-bien, c'est le caractère essentiel, suivant lui, des objets dont elle s'occupe. Selon lui, tout ce qui s'achète et se vend rentre dans sa compétence, à ce titre même; il ajoute que ce qu'elle envisage dans ces objets, c'est ce qui fait qu'ils s'achètent et se vendent, à savoir leur valeur, attribut qui n'apparait cependant qu'autant qu'ils sont destinés à l'échange.

Faut-il conclure de là que sa définition de l'économie politique consisterait à dire que c'est la *science de la valeur?* Il serait délicat d'attribuer une définition à un auteur en s'autorisant d'une induction. Ce serait même une définition qui voilerait une partie importante de la pensée de M. Macleod, car il fait remarquer, à ce sujet même, qu'il est partisan décidé de la liberté, en ce sens que chacun soit le seul maître des fruits de son travail, le seul arbitre quand il s'agit de choisir celui auquel il vendra ou celui auquel il achètera; comme aussi les termes de la transaction doivent être déterminés par la seule volonté des contractants. Si donc M. Macleod donnait une définition de l'économie politique, cette définition ferait marcher parallèlement plusieurs idées, trois au moins, à savoir : celle de l'achat et de la vente, comme exprimant la destination des objets; celle de la valeur ou de l'échange, comme indiquant le mode sous lequel on les envisage; celle de la liberté comme la règle fondamentale qui doit présider à l'achat et à la vente, en prenant ces deux opérations dans le sens le plus étendu, de manière à y faire rentrer l'acte de la production même.

Ce n'est pas moi qui critiquerai M. Macleod pour ce qu'il expose au sujet de la définition de l'économie politique, d'avoir délimité le champ de la science, en tant qu'il s'agit de la substance dont elle s'occupe, de manière à y embrasser tout ce qui fait l'objet d'un commerce, tout ce qui rentre dans le cercle de l'achat et de la vente, tout cela et rien que cela. Dans l'enseignement que j'ai eu l'honneur de faire au Collége de France, je m'étais rencontré avec lui sur ce point. Je professais l'opinion que le sujet de la science économique, c'est tout ce qui, d'une manière régulière, s'achète et se vend, quelle d'ailleurs qu'en soit la nature; que la science économique s'occupe de ces objets précisément à ce titre qu'ils s'achètent et se vendent. Pour risquer une définition de la science, j'ajoutais qu'elle consistait, dans chaque état de la civilisation, à interpréter les principes fondamentaux du droit public, tel qu'il était reconnu, de manière à en faire ressortir les lois et les usages qui doivent présider aux transactions industrielles de toute sorte; ce qui signifiait que dans la civilisation du XIXe siècle, où le droit public est fondé sur le principe de la liberté et sur celui de l'égalité, l'économie politique a pour but d'indiquer ce qu'il faut pour que les industries diverses soient réellement libres, sans qu'aucun privilége ou monopole vienne faire infraction à l'égalité commune. J'admets pourtant qu'une pareille définition laisse à désirer. Elle pèche par sa longueur extrême. J'aimerais tout autant celle qu'a donnée M. Droz, que l'économie politique a pour objet de *rendre l'aisance aussi générale que possible*. On peut cependant reprocher à celle-ci d'être trop brève au contraire et de manquer de la précision philosophique. Peut-être approcherait-on du but en donnant à l'économie politique pour pivot la notion de la *puissance productive de l'individu dans le travail*, étant bien entendu que cette puissance productive est mesurée par la quantité et la qualité des produits créés ou des services rendus dans un temps donné, ce qui donnerait à la notion de la puissance productive toute la précision possible. Cette puissance productive est progressive, et son progrès est un des éléments nécessaires de l'avancement général de la société et de la civilisation.

On dirait alors que l'économie politique est la science qui a pour objet de rechercher les conditions du développement de la puissance productive de l'individu et de la société. Il serait aisé de montrer comment l'accroissement de cette puissance productive suppose avant tout, pour parvenir à son maximum, l'échange aussi facile et aussi libre que l'esprit peut le concevoir, et comment il exige aussi la liberté du travail, l'abolition des priviléges et des monopoles. On n'aurait pas grande difficulté non plus à prouver qu'indépendamment de la liberté du travail et des transactions en général, la puissance productive est en rapport direct avec la valeur propre de l'individu, c'est-à-dire avec le degré de son instruction spéciale, avec son expérience, son adresse, sa force physique même, sans parler de l'heureuse influence qu'exercent de bonnes habitudes morales.

Une des définitions sur lesquelles M. Macleod appuie le plus, et qu'il accompagne de plus de commentaires est celle de ce qu'on nomme en anglais la *currency* et aussi le *circulating medium ;* en français nous pourrions traduire par le mot de *numéraire*, à la condition d'élargir beaucoup l'acception accoutumée de ce mot, surtout pour être d'accord avec M. Macleod, qui donne aux termes de *currency* et de *circulating medium* beaucoup plus d'étendue que ne le font d'ordinaire ses compatriotes. La *currency* ou le *circulating medium*, c'est l'instrument des échanges, le titre ou le mécanisme avec lequel on les règle et on les solde. La monnaie, c'est-à-dire les pièces d'or ou d'argent, en est une forme particulière qui n'est pas la moins intéressante, car c'est celle qui est le dénominateur commun de toutes les autres, celle en laquelle, à un moment donné, les autres sont sujettes à se résoudre obligatoirement. Mais en réalité, dans une communauté industrieuse bien ou passablement organisée, comme sont les grands États civilisés aujourd'hui, le montant des espèces métalliques n'est, surtout lorsqu'on se place au point de vue de M. Macleod, qu'une parcelle en comparaison des titres de papier employés à la même destination ou des arrangements qui y coopèrent. En effet, sous ce terme de *currency*, M. Macleod range d'abord les billets de banque qui ne laissent pas de composer une certaine somme; c'est près d'un milliard de francs en Angleterre, et pas loin de 800 millions en France; puis les chèques qui font un bien gros volume; puis les lettres de change et les billets à ordre qui, en Angleterre, vont à sept ou huit fois le montant des espèces métalliques, et enfin les virements sur les livres des banques et des banquiers, qui constituent un appareil par le moyen duquel il est si aisé de faire passer une somme de l'avoir de celui-ci à l'avoir de celui-là, sans qu'un seul écu ou le moindre billet de banque, ou quoi que ce soit, ait à être transmis de main en main. M. Macleod, qui a profondément étudié le crédit, est disposé en général à le faire intervenir, et c'est ainsi qu'il a été conduit à en introduire les mécanismes divers, à titre de parties intégrantes et essentielles, dans la *currency* ou *numéraire* de la société, ce qui aurait pour résultat, ainsi que nous venons de le dire, de donner à ces mots de *currency* et de *numéraire* un sens beaucoup plus large qu'on ne l'a fait ordinairement.

Or, quelle est, suivant M. Macleod, l'idée fondamentale qu'on doit attacher à ce mot de *currency* et à celui de *numéraire* que j'ai risqué comme pouvant en être la traduction ?

Lorsqu'il ne s'agissait que de la monnaie, c'est-à-dire des espèces d'or ou d'argent qui sont au nombre des parties dont se compose le bloc de la *currency*, on disait que c'était un instrument intermédiaire dans les échanges; on ajoutait que ce devait aussi être un équivalent, et l'attribution semblait ainsi complétement indiquée. Le cordonnier qui a besoin d'un chapeau et le chapelier qui a besoin d'une paire de souliers ne vont pas tout droit l'un chez l'autre pour troquer leurs marchandises. Le cordonnier vend ses souliers et reçoit des écus; puis, ses écus à la main, il se rend chez le chapelier; et celui-ci fait une manœuvre semblable. Dans cette façon de procéder, le rôle d'intermédiaire, et d'intermédiaire équivalent, qu'ont rempli les écus, est évident. M. Macleod attache cependant de préférence une idée différente à la *currency* considérée dans son ensemble, y comprises les pièces d'or ou d'argent. Le caractère essentiel qu'il y distingue est celui-ci : c'est le titre d'une créance ou c'en est le gage.

Quand je possède 200 fr. en pièces d'or, c'est le gage que je puis commander et m'approprier quelque objet que ce soit qui est dans le commerce, de la valeur de 200 fr. De même, si j'ai un billet de banque ou une lettre de change de 200 fr., pourvu toutefois que la banque d'où émane le billet jouisse d'un bon crédit, ou que le signataire de la lettre de change inspire confiance au marchand auquel je la présenterai. Tout au moins c'est le titre d'un engagement qu'a contracté envers moi la banque de laquelle provient le billet, ou le particulier qui a accepté la lettre de change. En un mot, cette énorme masse de valeurs de crédit, mêlée d'une certaine proportion de métaux précieux, qui constitue la *currency* d'un État, apparaît à M. Macleod comme un bloc de créances, ou d'engagements, ou de gages. Il établit une équation entre l'idée de *currency* et celle d'une créance ou d'un titre existant au profit de celui-ci et portant engagement à la charge de celui-là. Cette notion lui paraît d'un ordre supérieur et avoir beaucoup d'intérêt pour la science elle-même. Selon lui, c'est de là qu'on fait le mieux sortir la condamnation de fausses doctrines, telles que celle de l'Écossais Law ou celle avec laquelle Mirabeau, cette fois bien mal inspiré, fit instituer les assignats.

Il faut que le lecteur fasse un effort sur lui-même pour apercevoir la portée de cette notion, aussi grande qu'elle apparaît à M. Macleod. Toutes les personnes à ce connaissant seront cependant d'accord avec lui sur ce point que les valeurs qu'on lance dans la circulation et qui font circuler les marchandises, c'est-à-dire les billets de banque, les lettres de change et les billets à ordre, tous titres qui passent de main en main comme des instruments de payement, doivent être des engagements sérieux, des titres de créance respectables. A cet effet, ils doivent répondre à des transactions réelles, être l'expression et la sanction d'opérations dans lesquelles un travail intelligent est engagé et qui produisent de la richesse. Autrement la circulation repose sur des fictions, et on marche vers la banqueroute générale. A ce point de vue, on ne peut aboutir qu'à un désastre quand on se permet des émissions abondantes, soit de papier-monnaie, tels qu'étaient les flots d'assignats jetés sur le marché par la Convention nationale, ou d'actions, telles qu'étaient celles de la compagnie du Mississipi organisée par Law. Là derrière il n'y avait aucune production de richesse, aucun labeur utile, proportionné du moins à la grandeur des émissions. A ce même point de vue, et sous le bénéfice de ce commentaire, la relation intime qu'établit M. Macleod entre la notion de la *currency* et l'idée d'une dette ou d'une obligation sérieuse et positive a un mérite incontestable.

Mais pour bien saisir la pensée de notre auteur, c'est à un autre point de vue qu'il faut se placer. M. Macleod est occupé, dominé par l'idée qu'il a de l'importance du crédit, importance que, jusqu'à lui, les traités d'économie politique n'ont pas assez appréciée. Il met au service de cette idée une grande persévérance et une grande habileté de raisonnement et d'observation. C'est de cette manière qu'il aura été conduit à poser une équation entre la notion de la *currency*, ou *numéraire* d'un État, et celle de la masse des engagements fondés sur le crédit, en noyant dans cette masse les espèces métalliques, sans cependant ravir à celles-ci leur qualité de dénominateur commun et d'étalon. Nous y reviendrons tout à l'heure en traitant du crédit même.

Auparavant signalons diverses observations judicieuses de M. Macleod au sujet de la monnaie et généralement des titres mis en circulation. Ainsi il présente une très-bonne formule quand il dit que l'idée de monnayer autre chose que l'or ou l'argent, des fonds de terre, par exemple, est une dangereuse chimère qui conduit nécessairement à des calamités. La monnaie proprement dite est une quantité déterminée d'une substance bien définie, le métal or ou le métal argent. Les valeurs qu'on émet et qui servent de substituts à la monnaie, telles que les billets de banque, les lettres de change et autres titres divers, sont tenus de pouvoir, à un moment donné, se convertir substantiellement en or ou en argent. La preuve, c'est qu'on leur donne le nom de telle ou telle somme en argent ou en or. Si un billet ou lettre de change dit de 100 fr. ne peut, à volonté ou dans un bref délai, subir l'épreuve de sa parité avec 100 fr. bien effectifs, c'est-à-dire avec des pièces d'or et d'argent jusqu'à concurrence de 100 fr., c'est qu'il porte à tort le nom de 100 fr. Cette vérité, qui, de notre temps même, n'est pas suffisamment reconnue du public, a été exprimée par M. Macleod de diverses manières heureuses, et il doit en être félicité. C'est une des meilleures armes de tout son arsenal pour mettre en pièces la théorie de Law et celle de Mirabeau.

Au milieu des remarques ingénieuses de M. Macleod touchant la monnaie et les métaux précieux, il en est une autre que nous citerons ici volontiers, parce qu'elle a une application directe à la perspective qu'offre l'exploitation de l'or en Californie et en Australie. Quand des mines nouvelles et abondantes ont été découvertes, leur effet principal consiste ou peut consister pendant un certain laps de temps, sous l'influence de causes diverses, non pas à faire baisser la valeur du métal, mais à ajouter au capital monétaire des sociétés civilisées. Il y a ainsi une première période pendant laquelle l'affluence de l'or (ou de l'argent, quand il s'agit de mines de ce métal) a pour résultat d'influencer principalement les relations du capitaliste avec l'homme industrieux, ou du créancier avec le débiteur, ou, en d'autres termes, le taux de l'intérêt, ou bien la grandeur des avances. Tant que l'action du nouvel approvisionnement d'or (ou d'argent) se manifeste ainsi, le métal précieux ne se déprécie pas sensiblement; il garde la même valeur par rapport aux denrées, toutes choses égales d'ailleurs. C'est ce que constatent au moins deux expériences qui ont eu lieu sur une grande échelle, à savoir ce qui se passa, pendant un premier laps de temps, après la découverte de l'Amérique, et ce qui s'est produit depuis la mise en exploitation des mines d'or de la Californie et de l'Australie jusqu'au moment actuel à peu près. Dans l'un et l'autre cas, les affaires ont acquis une nouvelle activité, à laquelle d'autres causes ont pu contribuer, même pour la majeure part; mais la valeur des métaux précieux que rendaient les mines nouvelles n'a pas éprouvé une forte baisse. Au contraire, quand

le moment est venu où la valeur du métal précieux est atteinte par rapport aux denrées, les arrivages d'or ou d'argent cessent d'avoir un effet sur le taux de l'intérêt ou sur la grandeur des transactions. Il y aurait ainsi deux phases bien distinctes dans l'action qu'exerce l'exploitation de mines nouvelles, abondantes et riches, des deux métaux servant à faire la monnaie ou de l'un d'eux seulement, et en ce qui concerne la Californie et l'Australie, nous n'en serions encore qu'à la première.

Mais arrivons aux questions relatives au crédit. M. Macleod y a consacré une bonne partie de son volume. C'est sans contredit celle qui doit être examinée de plus près. C'est celle qu'il a formulée de manière à provoquer le plus de controverse. M. Macleod, entre autres qualités, a un grand courage d'opinion; il contredit de front les maîtres lorsqu'il pense que l'intérêt de la science le commande. C'est ainsi qu'à l'occasion du crédit, il s'attaque ouvertement à l'un des plus vénérés, au grand Turgot, et puis à un grand nombre d'autres autorités, comme on va le voir. Son objet est de changer d'une manière considérable le sens qu'on a attaché au mot de crédit. Turgot, dans un écrit qui date de sa jeunesse, avait dit : « Tout crédit est un emprunt. » Développant l'opinion de Turgot, en y restant fidèle, J.-B. Say s'était exprimé ainsi : « On s'imagine quelquefois que le crédit multiplie les capitaux ; cette erreur qui se trouve fréquemment reproduite dans une foule d'ouvrages, dont quelques-uns même sont écrits *ex professo* sur l'économie politique, suppose une ignorance absolue de la nature et des fonctions des capitaux. Un capital est toujours une valeur très-réelle, fixée dans une matière, car les produits immatériels ne sont pas susceptibles d'accumulation. Or, un produit matériel ne saurait être en deux endroits à la fois et servir à deux personnes en même temps. »

M. Macleod passe en revue, après J.-B. Say et M. Thornton (dont le nom, peu connu en France, est justement considéré en Angleterre, et à qui on doit un bon essai sur le *papier de crédit*); M. J. Stuart Mill, que ses *Principes d'économie politique* ont classé si haut dans la science ; le respectable M. Mac Culloch ; M. Loyd, le célèbre banquier que le gouvernement de la reine Victoria a promu à la chambre des pairs avec l'assentiment de l'opinion publique, sous le nom de lord Overstone ; le colonel Torrens, auquel on doit un grand nombre d'écrits estimés ; M. Norman, et quelques autres encore dont l'opinion est d'un grand poids. Chez tous il retrouve sous des formes diverses la même opinion qu'avait émise Turgot, et que J.-B. Say avait développée, à savoir que le crédit n'ajoute rien au capital dont la société se sert pour féconder ses entreprises, que c'est le transfert d'une richesse de la main de celui-ci à la main de celui-là, qui pourtant en général est mieux en état de la faire valoir. Il combat en détail cette manière de voir et pose la thèse contraire, que le crédit ajoute une quantité, et une très-grande, au capital dont disposent les hommes industrieux. Il dit et répète en toutes lettres que le *crédit est du capital*. L'impression que m'a laissée la lecture de M. Macleod est, je n'hésite pas à le dire, qu'il est plus dans la vérité et la raison que ses adversaires, quelque éminents qu'ils soient.

Il fut un temps où l'on ignorait, ou du moins l'on ne pratiquait guère les titres perfectionnés de crédit qui sont en si grand usage de nos jours, tels que le billet de banque, la lettre de change, le billet à ordre, les crédits ouverts chez les banquiers, les virements sur les livres des banques. Les affaires alors se faisaient avec de l'argent comptant, et tout crédit était une opération d'emprunt pur et simple. Il consistait en ce que A prêtait à B un certain nombre d'écus, et par cela même que ces écus étaient passés dans la caisse de B, ils avaient cessé d'être dans le coffre-fort de A. Le moyen qu'avait acquis l'un était autant à rabattre de ce qu'en possédait l'autre : c'était le cas d'appliquer l'observation de J.-B. Say, qu'un même objet matériel ne saurait être en deux endroits à la fois. Mais les raisonnements qui pouvaient être justes dans un état aussi imparfait, aussi primitif de l'organisation des opérations commerciales, sont-ils applicables de nos jours? On en peut douter. L'usage de ce billet de banque qui circule et est accepté par tout le monde à peu près comme le seraient des espèces métalliques, l'intervention sur une échelle immense de cette lettre de change qui, sinon chez tout le public, du moins parmi les commerçants, est accueillie comme le serait de l'argent comptant, sauf certaines réserves de responsabilité éventuelle, cela nous met bien loin du régime où il fallait dans toutes les transactions que la partie qui achetait eût des écus dans la paume de la main. Quand une banque d'Écosse, voulant favoriser le défrichement d'un district, envoie dans le village voisin un agent portant avec lui 10,000 l. st. en *bank-notes* d'une livre sterling, qu'elle sait que les ouvriers accepteront en paiement, il est bien difficile de soutenir que les choses ne se passent pas tout comme s'il y avait là une création de capital. Quand un banquier de Londres ayant 100,000 l. en écus fait, par le moyen de l'émission de ses billets au porteur ou *bank-notes*, autant d'affaires qu'il eût pu en faire avec 300,000 l., avant que la *bank-note* n'eût été inventée, est-on fondé à prétendre qu'il ne se produit pas un phénomène du même effet que s'il y avait eu une addition au capital du pays? Au sujet des lettres de change et des billets à ordre, dont il serait mis, suivant M. Macleod, 600 millions st. ou quinze milliards de francs en circulation dans le Royaume-Uni, ne se passerait-il pas quelque chose d'analogue? Car lorsqu'une lettre de change est donnée en payement et qu'elle passe de portefeuille en portefeuille, n'agit-elle pas de même que le ferait le billet de banque?

On objecte que cette lettre de change doit un jour être payée en argent comptant; ceci pourrait se contester en tant que vérité applicable à la majorité des cas. Mais quand bien même il en serait ainsi, serait-on autorisé à en conclure que la lettre de change n'a aucune existence propre et distincte, quelle est seulement le signe représentatif d'une certaine quantité d'espèces métalliques qui existent dans la société et qui se trouvent, du fait de la lettre de change même, sous le coup d'une hypothèque directe, de sorte que la lettre de change, faisant double emploi avec ces espèces métalliques, ne saurait être comptée à part et considérée comme ajoutant quoi que ce soit au capital de la société?

L'objection qu'on élève contre M. Macleod n'est pas impossible à réfuter. Sans doute, si au moment même où un négociant a souscrit une lettre de change ou un billet à ordre, il était tenu d'avoir dans un coffre une somme d'écus égale, on pourrait dire que la lettre de change n'apporte aucune addition au capital commercial du pays et que c'est purement un signe sans existence propre. Mais les choses ne se passent point ainsi. Le commerçant qui doit solder la lettre de change n'engage aucunement tels et tels sacs d'écus, il ne donne en nantissement aucun lingot; il n'est même pas tenu, au moment où il signe la lettre de change, d'avoir en caisse ces écus, d'en avoir même la moindre parcelle, et c'est là une circonstance qui n'a pas peu de portée. En d'autres termes, selon la remarque de M. Macleod, la lettre de change n'a rien de commun avec le *warrant* émané d'un dock, qui s'applique expressément à certains ballots ou colis spécifiquement ou nominativement désignés, ou avec le *connaissement* qui est dans le même cas que le *warrant*, c'est-à-dire qui spécifie telle caisse ou article bien et dûment numéroté ou étiqueté dans la coque du navire. La lettre de change est un engagement auquel répond un gage, mais un de tout autre sorte, qui n'est pas tel objet matériel déterminé, et qui consiste dans l'honneur du commerçant, son intelligence des affaires, son activité. Ce gage intellectuel et moral, qui est de sa nature insaisissable, est cependant flanqué d'une garantie matérielle composée de tout l'avoir du commerçant dont il s'agit. Néanmoins, aucune partie spécialement dénommée de cet avoir ne correspond à telle lettre de change en particulier. C'est le bloc de l'avoir qui répond du bloc des engagements de toute nature, parmi lesquels il peut y en avoir de bien autres que des lettres de change, car, par exemple, il peut s'y trouver des hypothèques. Le commerçant qui doit payer la lettre de change est tenu seulement de s'arranger de telle façon que, le jour de l'échéance, il ait en main, non pas même précisément des espèces métalliques, mais des valeurs d'une nature telle que le détenteur de la lettre de change les accepte en paiement ou qu'elles puissent lui fournir immédiatement à lui-même le moyen de s'acquitter. Bien plus, l'échéance venue, il peut obtenir de renouveler purement et simplement son engagement.

Dans l'opinion qui diminue tant l'importance de la lettre de change ou du billet à ordre, et qui leur dénie absolument les attributions ou les effets du capital, il y a, suivant M. Macleod, une illusion tenant à ce qu'on voit seulement le peu de travail matériel qu'il faut pour fabriquer une lettre de change. C'est, dit-on, un bout de papier plus ou moins artistement imprimé, au bas duquel on met une signature. Il semble que cela pourrait se multiplier indéfiniment et que, s'il était reconnu que la lettre de change ou le billet à ordre viennent d'une manière quelconque en addition du capital du pays, le premier venu serait investi de la puissance d'ajouter des masses illimitées à ce capital, dans son intérêt individuel. Mais une telle appréciation est imaginaire par rapport au plus grand nombre des cas et à la marche ordinaire des affaires. Pour qu'une lettre de change ou un billet à ordre rencontre un bon accueil dans la circulation, il faut qu'ils soient émis dans certaines conditions morales qu'on a garde d'enfreindre, parce qu'on ne les enfreindrait pas impunément; il faut que ce soit l'expression d'une transaction réelle dans laquelle est engagé un travail sérieux. Les fils de famille qui sont en train de se ruiner se rient de ces conditions, et les violent galment il est vrai, mais on sait ce que vaut leur papier sur la place. L'immense majorité des commerçants évite de faire comme les fils de famille désordonnés. Ceci est un fait, et ce fait résout la question.

Mais on insiste et l'on dit : Puisque les lettres de change et le billet à ordre, pour trouver confiance près du public auquel ils s'adressent, ont besoin de correspondre à des transactions réelles et à un travail positif, qui, selon toute apparence, sera rémunérateur, puisque cette corrélation est la condition même de leur succès, on est fondé à soutenir que les titres de crédit ne sont valables qu'autant qu'ils représentent des valeurs matérielles, des marchandises existantes. Ainsi le crédit serait un expédient pour mettre en circulation des capitaux déjà bien acquis. Il n'ajouterait rien au capital dont disposerait déjà la société. Pour employer une formule qu'a répandue M. Ciezkowski, le crédit prendrait des valeurs engagées, telles que sont des produits à demi manufacturés, et il les dégagerait de manière à les rendre immédiatement négociables, tout en les laissant aux mains du manufacturier.

Il ne faut pas faire de logomachie. Il convient au contraire de bien fixer le sens des termes qu'on emploie; c'est l'objet même des efforts de M. Macleod. Personne ne peut soutenir, et M. Macleod ne soutient pas plus qu'un autre, que le crédit est une chose absolument semblable à des balles de coton ou à des barres de fer. La thèse de M. Macleod est la suivante : 1° le crédit ajoute, dans une forte proportion, à la puissance productive de la société; il met du capital actif dans les mains des producteurs; 2° cependant ce n'est pas la représentation, le témoignage d'objets matériels préexistants; c'est une chose *sui generis*; 3° il faut donc lui reconnaître une existence distincte.

Je ne vois pas qu'on puisse contredire aucun des trois points dont se compose la thèse de M. Macleod. Que le crédit investisse le manufacturier ou le commerçant d'une notable puissance productive, c'est patent. De quel secours n'est pas pour le producteur la négociation des lettres de change ou billets à ordre ? C'est exactement le même effet que le capital le plus matériel. Voilà pour le premier point. Le second est fermement établi si l'on considère que la lettre de change et le billet à ordre ne portent aucune affectation spéciale d'une marchandise quelconque; c'est ainsi que le crédit est un fonds *sui generis*, où les éléments de l'ordre moral se combinent avec ceux de l'ordre matériel. De là suit le troisième théorème.

Les personnes qui seraient portés à critiquer comme trop absolue la formule de M. Macleod, que le crédit est du capital, reconnaîtront, je le crois, en y regardant de près, que c'est une opinion bien plus rapprochée de la vérité que celle qu'on retrouve dans les écrits de la plupart des maîtres de la science, que le crédit n'ajoute rien au capital de la société. Le crédit a besoin d'avoir parmi ses fondements, dans une multitude de cas au moins, dans le plus grand nombre même, une base matérielle; mais ce n'est pas absolument nécessaire dans tous les cas, et quand bien même la base matérielle serait toujours nécessaire, elle ne serait pas l'édifice.

Le crédit est une force productive, qui a une existence distincte. Les titres par lesquels il se manifeste le plus communément, la lettre de change et le billet à ordre, s'achètent et se vendent. Or tout ce qui s'achète et se vend couramment est une forme particulière de la richesse ou du capital. Que ce soit un capital d'un genre distinct ayant ses inconvénients propres, ses dangers même, là n'est pas la question. Lors donc que M. Macleod soutient que le crédit a les effets du capital, il est dans le vrai; lorsqu'il dit que le crédit est du capital, il ne commet pas d'erreur, pourvu qu'il soit entendu que c'est un capital ayant une action qui lui est propre et un mode d'existence particulier, et il le reconnaît. Après tout, ce qui importe, c'est la puissance productive. Il s'agit de savoir si par l'emploi du crédit le manufacturier ou le commerçant n'est pas placé exactement dans la même situation que s'il avait un supplément de capital, et s'il n'en est pas de même non-seulement d'une catégorie d'individus ou de plusieurs, mais de la société tout entière. Cette question ne me paraît pouvoir être résolue que par l'affirmative, quand on a lu les *Éléments* de M. Macleod ou l'article *Crédit* de son *Dictionnaire d'économie politique*.

Quand on lit M. Macleod, il faut se rappeler que, sur ce terrain du crédit, il s'est trouvé en face de l'opinion à peu près unanime de ses prédécesseurs dans la science qui refusaient péremptoirement au crédit la faculté de créer du capital ou l'équivalent du capital, et lui concédaient seulement l'attribution subalterne et de peu de portée de faire passer un capital déterminé des mains de celui-ci aux mains de celui-là. On ne doit donc pas être étonné s'il a accumulé les arguments à l'appui de sa thèse. C'est ainsi que procède un athlète qui se sent serré de près par une multitude d'antagonistes vigoureux; mais il s'en tire à son honneur. Au milieu des raisons qu'il met en avant, j'en citerai encore quelques-unes.

La preuve que les titres de crédit ont une valeur propre, ou, en d'autres termes, qu'ils sont par eux-mêmes une marchandise, c'est qu'il s'en fait commerce comme du fer ou du blé. Un banquier est un marchand de lettres de change et de billets à ordre; il en fait commerce puisqu'il les achète et qu'il les vend. —Veut-on, sous une autre forme, la démonstration de ceci, que les titres de crédit, tels que les lettres de change, ont un effet autre que celui qui résulterait de la transmission pure et simple d'une somme d'écus de la caisse d'une personne à celle d'une autre, de sorte que l'une ait en moins ce que l'autre a en plus? La voici. Un commerçant de Londres livre sa lettre de change à un banquier qui lui remet en échange ses propres *bank-notes* ou celles de la Banque d'Angleterre. Le commerçant met les *bank-notes* en circulalation; de son côté, le banquier cède la lettre de change à une autre personne, qui la transmet à une troisième, et ainsi de suite. Les *bank-notes* d'une part, et les lettres de change de l'autre, circulent en même temps, parallèlement, sans se nuire, et de la façon la plus légale, les unes et les autres remplissent le même office, celui de solder des engagements et de clore des transactions. Est-il possible de soutenir qu'ici la lettre de change n'a pas d'existence propre et qu'elle ne remplit pas la fonction de capital?

Une pièce de monnaie peut être qualifiée de billet à ordre d'une acceptation universelle; la *bank-note*, ou billet de banque au porteur, est une autre sorte de billet à ordre qui est presque aussi assuré d'être accepté, qui ne l'est pourtant que sous quelques réserves. La lettre de change et le billet à ordre proprement dit ont, par rapport à la *bank-note*, une infériorité du même genre que celle qui affecte la *bank-note* par rapport aux écus sonnants. Tout le monde, sans exception, fait bon accueil aux écus. Le paysan des montagnes de la Lozère et même le petit commerçant de nos villages feront des difficultés pour recevoir le billet de banque, tandis qu'à Paris ou à Lyon il n'est personne qui ne soit prêt à le prendre en payement. Le cercle qui s'était resserré pour le billet de banque se rétrécit encore quand il s'agit des valeurs de crédit comme le billet à ordre ou la lettre de change; il n'embrasse plus que le monde commerçant, et, le plus souvent, une partie seulement de ce monde; mais il lui reste encore une sphère très-étendue. Entre les espèces métalliques, le billet de banque et la lettre de change, il y a une différence; mais celle-ci gît non dans la fonction ou attribution, qui est la même, mais dans la catégorie plus ou moins nombreuse des personnes à l'égard desquelles la fonction ou l'attribution s'exerce.

M. Macleod s'est donné la satisfaction de chercher et de trouver, dans les livres de ses adversaires, des passages contredisant l'opinion qu'ils ont formulée sur le crédit et qu'on lui oppose. Ce n'est pas la partie la moins curieuse du long article qu'il a consacré au Crédit dans son *Dictionnaire d'économie politique*, que celle où il s'abrite derrière des citations qui m'ont paru décisives, d'Adam Smith, de J.-B. Say, de J. St. Mill, de Mac Culloch, de Thornton. Il les fait suivre de passages curieux de M. Webster, le célèbre orateur américain, de Frédéric Bastiat, esprit si pénétrant et si juste; de plusieurs emprunts faits à feu Coquelin, dont l'ouvrage *Du Crédit et des Banques* mériterait bien plus de faveur qu'il n'en a obtenu. Il reproduit aussi des phrases de M. Gilbart, de l'illustre Hamilton, le ministre des finances de Washington et de notre ami M. Gustave du Puynode. Aux témoignages des autorités modernes il joint ceux de plusieurs des grandes intelligences de l'antiquité, de Démosthène, entre autres. Ces différents morceaux, je dois le dire, impressionnent le lecteur plus favorablement que les efforts auxquels s'est livré M. Macleod, pour s'étayer de l'algèbre et de considérations tirées de la comparaison entre les racines positives et les racines imaginaires des équations, ou entre les qualités positives et les quantités négatives.

Le point de vue auquel se place M. Macleod dans sa conception sur le crédit possède à la fois de l'étendue et de l'élévation, ce qui apparemment n'exclut pas la justesse. On aperçoit aussi le lien qui existe entre son opinion sur le crédit et sa manière de voir sur le *numéraire* ou *currency*. Pour lui, le numéraire ne se réduit pas aux métaux précieux convertis en monnaie, ni même aux billets de banque; il y comprend la masse des titres individuels que les particuliers, appuyés sur le crédit, lancent dans la circulation. Voilà pour un point. Puis tout ce bloc devient pour lui du capital ou tout au moins quelque chose qui en remplit, sur une vaste échelle, la fonction et qui en a la fécondité. Dans son numéraire, tel qu'il le définit, il peut se glisser et il se glissera de mauvaises valeurs, et c'est ce qui existe ou entretient l'opposition que de bons esprits font à l'opinion de M. Macleod; mais dans la monnaie proprement dite ne se glisse-t-il des pièces fausses? et l'existence possible de celles-ci empêche-t-elle la légitimité des pièces de monnaies correctes de poids et de titre? De même pour le capital agrandi, ainsi qu'il l'entend. Dans cette masse additionnelle dont il l'augmente et qui d'ailleurs a sa nature propre, il y aura même, dans une société bien régulière, une petite proportion d'alliage dont il faudra se défier. Mais n'en est-il pas de même dans l'ordre des capitaux les plus matérialisés? N'y a-t-il pas des marchandises avariées ou de la plus basse qualité qui se vendent en se faufilant dans la masse des articles plus respectables?

La théorie de M. Macleod pourra donc commencer par exciter un étonnement mêlé d'incrédulité ; mais ce sentiment fera place, avec un peu de temps, à une approbation réfléchie.

M. Macleod dit quelque part une des raisons prépondérantes qu'il a eues pour donner ainsi au crédit un rang élevé, au lieu du rôle étriqué qui lui avait été reconnu jusqu'à ce jour. « On a fréquemment fait observer, dit-il, que toutes les grandes inventions tendaient à égaliser la condition des hommes. L'invention de la poudre à canon a établi l'égalité entre le pauvre fantassin et le seigneur, fastueux représentant de la chevalerie, et elle a fini par détruire la suprématie de la noblesse féodale. L'invention de l'imprimerie, ouvrant le sentier du savoir au pauvre aussi bien qu'au riche, a fait disparaître le privilége qui appartenait à la richesse pour acquérir des connaissances. La découverte de la vapeur et des chemins de fer a égalisé les moyens de locomotion entre les plus humbles et les plus opulents. De même la découverte du crédit renverse la domination absolue du capitaliste et fournit à l'homme de la plus modeste condition les moyens de mettre le pied sur le premier échelon de la richesse. Or, le proverbe dit que la grande difficulté c'est de faire le premier pas et que bien des gens iraient haut s'ils pouvaient franchir le premier degré. Le crédit est, pour tout le monde, l'auxiliaire qui permet de faire ce premier pas. Le crédit est une grande puissance, et de même que tous les autres mécanismes puissants, il prête à des abus ; il n'en mérite pas moins de prendre rang, de même que la poudre à canon, l'imprimerie et la vapeur, parmi les merveilleux résultats du génie humain qui a été le promoteur de l'immense étendue acquise à l'industrie moderne. »

La question de l'agent de la circulation de la richesse, agent qu'on désigne de divers noms, la *currency*, le *circulating medium*, le numéraire, et la question du crédit sont celles qui donnent à l'ouvrage de M. Macleod son caractère par les solutions qu'il en fournit ; mais ce ne sont pas, à beaucoup près, les seules qu'il ait traitées avec bonheur. Il a un excellent chapitre sur le papier-monnaie, il en a un autre très-lucide et parfaitement raisonné qui présente l'histoire des monnaies en Angleterre. L'ouvrage entier atteste un esprit qui a pénétré dans le détail des affaires, qui est familier avec les sciences naturelles et en emprunte volontiers, pour les appliquer à l'économie politique, les méthodes rigides. Le seul reproche que je serais tenté de lui faire, c'est la rudesse de ses critiques envers quelques-uns de ses devanciers qui ne sont pas les moins illustres. Honorons les générations qui nous ont précédés, et rendons hommage à leurs services, ne fût-ce que pour obtenir de la postérité qu'elle se montre bienveillante envers les générations actuelles. M. Macleod aura cédé sans le vouloir à cette loi qu'a exprimée la littérature philosophique en disant que *l'initié immole l'initiateur.*

MICHEL CHEVALIER.

FIN

692. — PARIS. — IMPRIMERIE POUPART-DAVYL ET Cᵉ, RUE DU BAC, 30.